지나고 보면 별일 아닌 하루,
그런 무탈한 하루가 되기를 바라며.

아무래도 좋은 하루

김져니 지음
개정판 발행 2025년 1월 31일

펴낸곳 요호이
발행인 김재태
교정·교열 또레이, 홍현미
E-MAIL yohoi.official@gmail.com
SNS www.instagram.com/kimjourneydiary
ISBN 979-11-988988-3-8 03810

Copyright ⓒ Kimjourney, 2023
Illustrations ⓒ Kimjourney, 2023
All rights reserved.
본 책은 저작권법에 의해 보호를 받는 저작물이므로 무단전재와 무단복제를 금합니다.
책값은 뒤표지에 있습니다.

아무래도 좋은 하루

글·그림 김져니

시간을 늘-려-쓰-기로 했다   10

부드러운 n   12

관성을 믿어볼까   14

화장은 안해요   18

이렇게 아픔을 흘려보냅니다   20

네, 제가 잘못했어요. 그런데요...   22

마법 손바닥   24

나를 바라보기 위한 시간   28

더위   32

포스트잇   36

광합성하는 사람의 행복   40

심심한 존경   42

겁쟁이가 세상을 사는 법   44

오늘의 생각   46

돈트 힛 더 캔들　48
대체 누가 다다익선이라 했어요　50
천원　54
다크호스　56
능구렁이의 시련　60
극명한 입장 차이　62
여유로운 어른　64
간혹은 무계획도 필요하다니까　68
휴가 연장이요　70
철학책을 읽으면 행복해지는 이유　74
거짓말이 좋아　78
그래도 깜빡이는 키고 들어와주세요　82
실버라이닝　86
그동안 고마웠어　90

시간을 늘-려-쓰-기로 했다

내게 주어진 시간을 어떻게 사용할지에 대해 생각한다. 효율적인 하루를 보내기 위해 시간을 쪼개는 그런 고민은 아니고, 조금 더 늘-려-쓰-기 위한 고민이다.

늘려 쓴다는 것은 다소 형이상학적 표현이기에 예를 찾아보자면 수영장 물 위를 둥둥 떠다니며 반나절을 보낸 베트남에서의 휴가, 시간이 가는 줄 모르게 자전거를 타다가 해가 저무는 것을 바라보던 일본 여행 같은 기억들이 있다.

시간을 느리게 쓴 날들은 기억 속에 남아 오래도록 잔잔한 향기를 뿜는다. 그래서 오늘도 시간을 늘-려-쓰는 것에 대해 고민한다. 쪼개는 것과 다른 의미로 효율적이다. 흘러가는 시간에 관대해진다는 건.

천천히 가자

부드러운 n

삶의 어느 순간까지 내게 주어진 시간이 유한하다는 생각을 한다. 결혼이나 퇴사, 짧게는 이번 주 주말이 오기까지 내게 주어진 n일, n개월 혹은 n년이라는 시간.

이십 대에는 '만약 결혼을 한다면…'이라는 질문을 던지며 나에게 주어진 시간의 유한성에 대해 생각했다.

결혼을 한다면 몇 살쯤 할 것이니, 그전까지 내게 주어진 시간은 n 년이구나. 그렇다고 n에 대한 계획을 세우지는 않지만, 남은 시간의 소중함을 느껴보고 싶어 스스로에게 던졌던 질문이다.

삼십 대가 된 요즘은 '(언제가 될지 모르겠다만) 만약 퇴사를 한다면'이라는 질문도 던진다. 평생직장이란 없는 시대라 지금 이 직장에 천년만년 다닐 수는 없을 테니까. 그렇게 나에게 주어진, 마치 끝나지 않을 것만 같은 이 출근길에도 끝이 있다는 생각을 하고 나면 마음에 한걸음 여유가 생긴다.

'오, 끝이란 게 있긴 하구나.'

아이러니하게도, 모든 것에 끝이 있다는 사실이 내 마음을 조금 부드럽게 만들어준다. 아니, 만들어주고 있구나.

어이, 안녕?

관성을 믿어볼까

나의 글을 읽어주신 분들이라면, 이 사람 꽤나 오랫동안 머리 길이에 대해 주절거리고 있다는 사실을 알고 계실 것이다. 지금 보니 모든 책마다 한 주절거림 했구나... (아, 부끄럽다) 그럼에도 한 번 더 주절거리려고 하는데, 이번에는 지난날들과는 조금 다르다.

나는 줄곧 단발머리였다. 그래서 머리를 기르는 것과 그 긴 머리에 폭탄 파마를 하는 로망이 있었다. 지금 이 자리에서 밝히자면, 최근에 그 로망들을 한 번씩 실천에 옮겼다.

'이 사람 드디어 머리 길렀네!'라고 생각하신다면 오산, 글을 쓰고 있는 지금은 주절거리던 시절 그대로다. 맞다, 짧은 단발머리.

관성의 법칙이 바로 이런 것일까. 아무리 주절거리며 다른 방향으로 가기 위해 에너지를 쏟아도, 결국엔 원래의 상태로 돌아오는 힘. 역시 사람은 쉽게 바뀌지 않는 것일까. 그렇다면 타고난 대로의 모습을 받아들이는 것은 어떨까. 최소한 주절거릴 일은 없을 테니까.

그래서 이 자리를 빌려 선언한다. 저는 단발머리를 조금 더

멋들어지게 잘라보겠습니다. 나의 관성을 인정하고, 내게 가장 멋있는 모습을 찾아주기 위하여. 혹시 오랜 시간 공을 들였는데 결과가 만족스럽지 못하다면 큰 실망하지 마시길. 어쩌면 정답은 가까이에서 우리를 기다리고 있을지 모르니까. 그럼 이만.

그리고 나의 작은 키를 나무라지 않기로 했다! 다리가 길어 보이는 옷을 입으면 되는 거니까. 쉽네.

있는 그대로도 좋아.

화장은 안해요

책을 내기도 전, 정확히는 그럴 생각조차 하지 않던 시절, 인스타그램 디엠을 통해 어느 에디터님으로부터 나의 글이 좋다는 칭찬을 들었다. 짧게 치는 문장이 매력적이라 하셨다. 나는 그때 처음으로 '짧은 문장도 매력적일 수 있구나'라고 생각했다. 사실 멋진 문장을 쓸 줄 모르는 것이었지만.
꾸미지 않던 사람이 갑자기 치장을 하면 어색함이 묻어 나온다. 나 역시 화려한 수식어를 잘 사용할 줄 모르기에 짧게 문장을 끊는다. 쓰지 않던 단어로 꾸며봤자 어색하기 때문이다. 그분의 칭찬 덕분에 지금도 나는 메이크업 없이 글을 쓴다. 당당히 마침표를 찍어가며. 그리고 스스로 되뇌인다.
"솔직한 나의 모습을 보여주고 싶어, 그냥 나란 사람을 말야."

그래도 소개팅 자리에 민낯으로 가는 건 좀 아니겠지요.

이렇게 아픔을 흘려보냅니다

나는 오른손잡이다. 어릴 때 한 번은 오른손을 다쳐 깁스를 차 어쩔 수 없이 왼손을 사용했고, 대학에서 아랍어를 공부할 적에는 왼손이 더 효율적이라는 생각에 왼손으로 아랍어를 익혔지만 (아랍어는 오른쪽에서 왼쪽으로 글을 쓴다), 나는 태생이 오른손잡이다.

그런데 작년부터 오른손이 말을 듣지 않는다. 손목이 지끈 지끈하더니 오른손 새끼손가락이 저리기까지. 병원에 가보니 팔꿈치터널 증후군이라 한다. 직업병이라고 하시는데, 나 그렇게 그림을 많이 그렸었나.

요즘은 어쩔 수 없이 왼손을 작동시킨다. 오른손을 가엽게 여긴 왼손이 움직이기 시작한 것이다. 사실 양손으로 태어났는데 한 평생 오른쪽만 썼으니, 불공평한 처사이기도 했을 듯.

아무튼 어쩌다 보니 물건을 들 때도, 하다못해 방문을 여는 순간에도 새로운 감각을 느끼며 살고 있다. 왼손으로 문을 여는 기분은 이런 느낌이구나! 거참, 하마터면 지루할 법한 삶이었는데 이런 식으로 또 새로운 자극을 느낀다. 어쩌겠는가, 이미 오른팔은 부상을 당했는걸. 완쾌란 없을지 몰라도, 나는 이 순간을 행복하게 넘기고 싶다. 그래서 '이봐 내가 있잖아'라고 말하는 왼손에게 감동받으며, 이 아픔도 흘려보낸다.

으흠, 새로운 기분이야.

네, 제가 잘못했어요. 그런데요...

대차게 '네가 잘못한 거야'라고 말하는 사람은 싫다. 아니, 밉다. 그리고 이럴 때마다 내가 누군가를 대차게 지적질 했던 일들을 반성한다 (인정하기 싫지만 늘 반성할 일들이 떠오른다, 아주 많이).
'이거 네가 잘못한 거야' 하는 지적을 들으면, 평소 같으면 아차차하고 넘어갈 일도, 어느 삐뚤어진 날에는 '아니거든!' 이러며 대차게 부정하기 때문이다. 오히려 헛된 근거에 근거를 붙여가며 자기 합리화의 단계까지 도달한다. 이쯤 되면, 나의 잘못된 선택은 헛된 근거들로 무장한 어떤 대단한 것이 되어버린다.
게다가 훗날 '아, 이게 아니었구나'하는 생각이 드는 날에는 과거의 내가 못나 보인다. 그렇게까지 흥분할 일은 아니었는데... 하면서.
그러니, 혹여 내가 잘못한 것이 있더라도, 지적하지 말고 기다려줬으면 좋겠다. 스스로 깨닫는다면 조용히 – 어쩌면 더 빨리 – 이해하고 반성할 테니까. 물론 나도 그래야겠다.
늘 이놈의 입이 방정이지.

최고를 일찍 경험한 것은 축복일까요, 저주일까요.

마법 손바닥

횡단보도가 있다는 사실과, 길을 건너는 동안 초록불이 반짝여 준다는 사실에 감사해 본 적이 있으신지.

이집트 카이로에서 유학하던 시절, 4차선 도로를 두고 도무지 신호등도, 횡단보도도 발견하지 못해 쩔쩔매던 날들이 있었다. 당시 나는 아랍에서의 삶이 처음이었기에 - 타지 생활도 처음이었지만 - 당연하다고 생각했던 것들이 당연하지 않은 생활에 무척이나 놀랐다. (지금은 아랍에서 횡단보도를 찾지 않는다. 그런 것은 없다는 전제로 길을 건너는 편이 빠르기 때문이다).

이집트는 길을 건너는 행인을 배려할 여유가 없는 나라였을까? 당장의 빵이 먼저인 나라였을까? 아무튼 지금 빵 이야기를 하는 것이 아니니 줄여보자면, 그 무렵부터 손바닥 신호를 보내며 길을 건너는 습관이 생겼다. 신호등이 없으니 나라도 나를 지켜야겠다는 의미였다. 도로를 건너며, 언제 행인이 도로 위로 뛰어들지 몰라 긴장상태로 운전 중 일 - 혹은 그랬으면 하는 - 운전자에게, 내가 건너고 있으니 멈춰달라는 의미였다. 그런데 웃긴 것은 한국으로 온 지 한참이 지난 지금까지도 횡단보도를 건널 때면 나도 모르게 오른 손바닥이 운전자를 향해 올라간다는 점이다. 당연히 빨간불에 브레이크를 밟고, 당연히 정지선에 멈추어, 당연히 초록불이 끝나기를 기다리고 있는 운전자로서는 얼마나 재미있는 광경일까.

오늘도 손바닥을 들이밀고 길을 건넌다. 마치 내가 마법사라도 되는 양. 웃기지만, 나를 보호하기 위해 시작된 나의 무의식은 횡단보도가 있는 한국에서도 여전히 나를 보호하기 위해 작동하고 있다.

한국도 안전하지 않다는 생각에서 나온 본능일지도. 안전운전합시다.

얍!

나를 바라보기 위한 시간

에세이라는 것이, 쓰기 참 어려운 글이기도 하다. 머릿속 생각을 낱낱이 글로 옮기다 보면 종종… '나 대단한 사람인가'라는 생각이 들기 때문이다. 나는 그저 평범한 사람인데… 아마도 비슷한 생각으로 에세이 쓰기가 쉽지 않은 사람들이 있을 것이다.

하지만 에세이는 내가 잘나서 쓰는 글이 아니라, 나라는 사람을 마주하기 위한 글인 것 같다. 전신거울 앞에 벌거벗은 나를 적나라하게 바라보는 것이다. 우-와.

때로는 적나라하게 나를 바라보는 시간이 - 글을 쓰고 있는 시간이 - 위로가 되어준다. 거울 앞에 서있는 나를 바라보고 있자면, '힘들었겠다', '나를 사랑해 줘야겠다'는 생각이 들기 때문이다. 그래서 나는 글을 쓴다. 나를 위로하기 위하여.

이 글을 읽고 계시는 분들에게도 에세이 써보기를 추천드리고 싶다. 대단한 글일 필요 있나? 내가 나를 바라보기 위한 시간일 뿐인데.

사실 신문을 읽지는 않습니다.
네 컷 만화나 낱말퀴즈 코너를 뒤적일 뿐.

모처럼 휴가를 냈다.
그리고 이번에는 정말 쉬어보기로 했다.
그런데 말이지, 어떻게 쉬는 거였지?
아, 짠하다. 내 자신.

더위

나는 더위를 잘 타지 않는다. 흠, 고개를 28도 정도 꺾어 다시 생각해 보아도 더위를 잘 타지 않는다. 나만의 더위나기 비법 덕분이다. 비웃지 말고 들어주시길.

그건 바로 '가만히 있기'다. 휴대폰으로 치자면 최저 배터리 모드로 있는 것이다. 날이 더워지면 나무늘보처럼 아주 천-천-히 필수적인 동작만을 취한다. 책장 넘기기 같은. 그러고 있다 보면 어딘가에서 바람도 솔솔 불어온다 (못 믿겠다면, 올여름에 한 번 해보시길).

마치 내가 침착하고 차분한 사람인 것처럼 그려질지 모르겠다. 하지만 나는 침착하지 않고 차분하지 않은 사람이다. 그저 무더위 속에서 나무늘보처럼 시간을 보낼 줄 아는 것뿐이다. 때로는 등줄기를 타고 흘러내리는 땀이 즐거워지는 순간도 있다. 나는 조용히 여름이 주는 괴로움을 진득하게 느껴본다. 이 여름이 흘러가기를 기다리며.

글을 쓰다 보니, 이런 생각이 든다. 등줄기를 타고 내려오는 땀방울 같은, 인생의 힘든 순간들도, 더위처럼 좀 더 진득하게 즐겨볼 수는 없는 것일까?

아, 아직 나란 사람은 더위만 극복할 줄 아는 초짜인가 보다.

물론 이 글을 쓰고 있는 지금, 저는 에어컨이 펑펑 나오는 카페에 있지만, 더위를 피해서 온 것은 아니었답니다. 진짜로요.

잘도 자네.

포스트잇

Sticky Memories라는 것이 있다. 독일에 사는 친구 아누가 알려준 개념이다. 우리의 기억은 포스트잇에 적혀 머릿속 어딘가에 붙어있는데, 포스트잇이 벽에서 떨어지면 기억이 잊히고, 일부 기억은 벽에 오래도록 붙어있어 어떤 예기치 못한 순간에 떠오른다는 것이다. 어떤 포스트잇이 기억 속에 붙어 있을지, 또 언제 떨어질지 알 수 없을 뿐. 어디까지나 포스트잇의 선택.

어느 날 문득 떠오르는 기억 중에는, 어린 시절의 사소한 장면들이 섞여있다. 이게 기억난다고? 하며 신기해한 경우가 적지 않다.

나의 포스트잇에 기록된 사소한 장면 중 하나는 중학교 삼학년 때의 기억이다. 하굣길 친구들과 운동장에서 물놀이를 하다가 담임 선생님께 혼이 난 적이 있다. 우리는 음수대에서 물싸움을 할 것 같지 않은 조용한 학생들이었기에, 선생님은 평소보다 더 크게 화가 나셨다. 그래서 우리는 – 어쩌면 우리 중 나를 포함한 일부는 난생처음으로 – 주르륵 서서 삼십분이 넘는 설교를 들어야 했다. 웃기게도 나의 포스트잇에 기록된 두

번째 장면은 고개를 푹 숙이고서 지켜보던 선생님의 슬리퍼다. 선생님의 슬리퍼가 짝짝이었다. 그리고 세 번째 장면은 다음 날 아침, 어제 일은 까맣게 잊은 채, 반갑게 아침 인사를 했던 장면도 적혀있다. 선생님이 실소를 남기며 날리신 한 마디와 함께.

"비위도 참 - 좋아."

이렇게 무작위로 붙어있는 머릿속 포스트잇들 덕분에 서른이 넘은 지금도 간간이 웃을 수 있는 일들이 생긴다. 아, 인생 참 다채롭다.

글을 쓰고 나서 구글에 검색 해보았는데... Sticky Memories는 아무가 만들어 냈던 것인지도 모르겠다. 검색 결과에 나오지 않는다...역시 나의 골방 철학자 친구다워!

룰루랄라 행복한 인생!

광합성하는 사람의 행복

나는 화장을 자주 하지 않아도 자외선 차단제만큼은 잊지 않고 바르는 편인데, 간혹 자외선 차단제조차 바르지 않고 밖에 나가고 싶어지는 날이 있다. 그럴 때면, 이렇게 한 마디 하고 당당히 승원이와 문밖을 나선다.

"오늘은 광합성 좀 해야겠어."

물론, 자외선 차단제가 햇볕을 쬐는 행위를 방해한다는 근거는 없다. 이름에도 쓰여 있듯이 자외선만 차단해 줄 뿐이다. 그런데 왜인지 모르게 이것조차 방해받는 기분이 든달까 (물론 인간이 광합성한다는 근거도 없다, 당연한 말씀).

광합성을 하겠다며 민낯으로 햇살을 맞이하는 것은, 어쩌면 쿠웨이트에서 공부하던 추억 때문일지 모른다. 그 시절 주말이면 침대에서 기어 나와 햇살을 쬐기 위해 기숙사 밖 계단에 앉아있고는 했다. 보통 아랍 국가에서의 태양은 무척이나 뜨겁지만, 아침 일찍 맞이하는 햇살만큼은 조금 달랐다. 갓 태어난 태양처럼 신선했다고 말하면 피식 웃으시겠지만, 딱 그랬다. 지금은 승원이와 그런 순간을 만들어 간다. 자외선쯤은 차단 안 해도 좋을 만큼 행복한 시간.

이렇게, 단순하다 못해 무의미해 보일지 모르는 순간들이 나의 행복을 단단히 지켜주고 있다.

심심한 존경

한껏 차려입고 나왔는데,

평소와 별반 다를 게 없어 보이는 날.

이것도 능력이라며...
나 자신에게 심심한 존경을 표한다.

겁쟁이가 세상을 사는 법

모르는 것에 대해서는 깊이 생각할 필요가 없다. 어차피 모르기 때문이다. 그보다는, 어떻게 해야 자연스럽게 지나갈 수 있을지 거리를 두고 관찰하는 편이 좋다. 어차피 몰랐던 것이니까 이참에 좀 알 겸, 겸사겸사. 알고 보면 스무스 한 일일지도 모르는 거니까.

지금 내게는 임신과 출산이라는 분야가 그렇다. 길게 생각해 봐야 처음 겪어보는 분야 – 모르는 분야 – 이기에 최대한 임신이라는 단어와 거리를 두고 되도록 자연스럽게 쓰윽 하고 이 기간이 지나가기를 바라고 있는 편이다 (지금 임신을 하고 있다는 말이다).

출산을 생각하면 겁부터 질린다. 모르지만 뭔가 어마 무시한 것이 오고 있는 것 같다. 그런데 지레 겁부터 질린다고 좋을게 뭐가 있을까. 어차피 올 것은 올 것이고, 겁부터 질려 있으면 앞으로 수개월을 겁에 질린 채 살고 있는 사람밖에 더 되겠는가. 대신 모르는 일이니 긍정적으로 생각한다 (생각하려고 노력한다). 맞서 싸울 일은 아니니, 용기 있는 여전사가 될 필요도 없다. 그저 가볍게 생각하고 넘기는 것이다.

'알고 보면 굉장히 스무스 한 일일지도.'
우리 모르는 일 앞에서 겁부터 질리지 말자.

생각보다 쉬운 일일지도.

오늘의 생각

원래 모든 일이 생각하기 나름이잖아.
어떻게 해석하냐에 따라 입장 차이가 있는 것처럼.

그러니 가능하면 네게 좋은 쪽으로 해석하고 살아, 그래야 편히 살지.

타인의 감정 세세한 곳까지 들어가 신경 쓰는 것은,
어쩌면 지나친 배려일지도.

돈트 힛 더 캔들

Don't hit the candle.
남편, 승원이가 만든 문장이다. 제발 초 치지 말아 달라는 뜻. 나는 시큼한 음식을 좋아하기에 '초 치는 것'을 좋아하다만, 승원이 말처럼, 맡은 일에 최선을 다하는 사람에게 초 치는 사람들을 보면, 가서 머리를 한 대 쥐어박고 싶다 (그리 폭력적인 사람은 아닙니다만).

사실 우리 눈에는 - 그리 오래 들여다보고 있지 않아도 - 진심을 다해 최선을 다하고 있는 사람과 그 옆에 무임승차 중인 사람이 훤히 보인다. 이건 너도 알고 나도 알고 있는 사실이다. 애써 부정할 필요 없다. 그래서 이 페이지에 한 마디 남기려고 한다.

이봐, 열심히 사는 사람에게는 초 치지 말자고.
초 쳐야 할 사람들은 따로 있는 거. 너도 알고 있잖아?

대체 누가 다다익선이라 했어요

음악을 싫어하는 사람이 있을까? 싫어하는 장르의 음악은 있을 수 있겠지만, 음악을 싫어하는 사람은 본 적이 없다. 옷은 블랙 앤 화이트만 입는 내 친구도 음악은 다양하게 듣는다. 게다가 여러 음악 스트리밍 서비스 덕에 우리는 언제든지 클릭 몇 번으로 다양한 음악을 접하는, 바야흐로 대-음악 홍수의 시대에 살고 있다.

그런데 왜 워크맨에 테이프를 넣고 앞뒤로 뒤집어가며 음악을 듣던 시절이 그리운 걸까. 그 시절에는 테이프가 돌아가는 순간이 아쉬워 가사 하나하나를 곱씹으며 음악을 들었던 것 같다. 물론, 다 들은 테이프를 맨 앞으로 감는 일 만큼은 그립지 않다만.

지금은 들을 수 있는 음악이 너무 많아 복에 겨웠는데, 매번 유튜브에 들어갈 때마다 어떤 음악을 들어야 할지 몰라 방황한다. 이런 바보 같은 순간들이 있나, 분명 내가 좋아하는 음악인데.

그래서일까, 내가 들을 수 있는 음악이라고는 서랍 속 테이프 몇 개가 전부이던 시절이 그립다. 다다익선이란 말로 설명할 수 없는 행복들이 있다. 다다(多多) 한 행복은 오히려 대-혼란의 시대라는 표현이 옳을지도.

그리움을 토대로 LP 판을 수집해 보고는 있습니다만, 유튜브 프리미엄이 있는 시대에 LP 판 수집이 무슨 의미인지 의문도 생깁니다. 여전히 소중히 모으고 있지만 말이죠.

비가 너무 많이 와서 혼란스러워

천원

바닥에 떨어진 천원을 보았다. 정확히는 대략 5미터 앞에서 포착했고, 내 앞을 걷던 어느 할머니와 어느 남성은 바닥에 떨어진 천원을 가볍게 지나쳤다. 그리고 나 또한 천원을 지나쳤다. 이제 그 천원은 다른 사람이 주울 천원이 되었다.

나는 왜 그냥 지나쳤을까, 천원이어서? 어느 어린아이가 떨어뜨린 쌈짓돈일 수 있다는 생각에? 만원이었다면 바로 멈추어 지폐를 집어 들어 주머니에 쑤셔 넣었으려나.

아무튼 오늘은 한 층 건전해지는 기분이다.

덕분에 생일 같은 하루가 되었다

다크호스

아빠는 간혹 말씀하셨다.
"다크호스(검은 말)같은 사람이 되거라."

다크호스가 어떤 사람일지는 모르겠지만,
그 단어가 주는 힘이 마음에 들어,
언젠가는 다크호스 같은 사람이 되고 싶다.

이 정도면 검은 말에 속하려나요?

능구렁이의 시련

굴곡 없는 삶이라니. 어릴 적 좋아했던 소설, 영화, 만화 그리고 드라마 속 모든 주인공에게는 일종의 시련이 있었다. 시련을 이겨내며 성장하는 캐릭터를 사랑했는데, 아무리 둘러봐도 내 삶에는 굴곡이라 불릴만한 사건이 없었던 것 같다. 그래서 나는, 복에 겨운 소리이며 한심한 생각이지만, 내 삶의 굴곡은 언제 오는지 기다렸다. 주인공처럼 시련을 겪어내고 성숙한 사람이 되고 싶다는 욕심에.

서른이 훌쩍 넘었고, 여전히 드라마틱한 굴곡은 찾아오지 않았다. 그래서 나는 딱히 성숙하지도 않은 - 그러려니 한 - 어른이 된 것 같다. 다만, 웃기게도 요즘은 '굴곡'에 대한 해석을 다르게 한다.

'나 어쩌면, 어떤 굴곡이 와도 능구렁이처럼 넘어갈 수 있는 능구렁이-력을 키워온 것일지도 모르겠구나'하고. 때때로 고난, 시련 따위의 손님들이 찾아왔었는데 내가 능구렁이처럼 나가는 문을 바로 안내드린 것일지도.

오, 이렇게 능구렁이 담 넘어가듯 사는 삶도 나쁘지 않겠는걸?

원래 사람이 화장실 들어가기 전과 후의 생각이 다르잖아요.
겨울이 오면, 여름이 그립듯?

극명한 입장 차이

이게 뭐야 반밖에 안 남았잖아.

반이나 남았네~

어우 목말랐는데 잘 됐다!

여유로운 어른

나는 기억력이 그다지 좋지 못하다. 특히 디테일한 면에 있어서는 정말 쥐약이다. 누군가 힘들게 꺼낸 이야기만큼은 조금 더 세심하게 기억했어야 하는데, 나쁜 기억력 탓에 마음의 상처를 받은 친구들이 있다. 다시 한번 심심한 사과를 표합니다. 하지만 나는 기억력이 나쁘다고 스스로를 탓한 적은 없다. 타고난 것이 이러한 것을 어쩌겠나. 내 부족한 점을 나까지 미워하면 정말 부족한 사람이 되어 버릴 테니 그냥 좋아해 주는 편이다.

조금만 긍정적으로 생각 회로를 뚝딱여주면 누구나 가능하다. 우선 머릿속을 거치는 많은 이야기 모두가 '기억해야 할 일'은 아니라는 것을 인정하자. 그 자리에서 오고 가며 사라져도 문제가 되지 않는 일들이 허다하다. 때로는 기억하지 않았을 때 효용이 더 큰일들도 생긴다. 모르는 게 약인 일은 잊히는 것도 약이니까.

그렇게 어떻게든 긍정적인 방향으로 내게 주어진 상황을 해석한다. 수능을 준비하는 학생이었다면 기억력 향상을 위해 양팔을 걷어붙이고 호들갑을 떨었겠지만, 지금 나는 상처되는 일들은 잊고 살아도 되는 어른이다. 개중에는 기억해야만 했을 일들도 있었겠지만, 쿨하게 그러려니 보내준다.
어른은 이런 게 좋은 것 같다. 여유가 있잖아.

한 번은 할머니가 요즘 들어 귀가 잘 들리지 않는다고 하셨다. 나는 할머니에게 이렇게 대답했다.
"할머니 들어서 좋을 거 하나 없는 일들이 더 많아요. 하나하나 다 들으시다가는 스트레스 받으실 거예요."
당시에는 나의 유연한 유머에 스스로 감탄했으나, 지금 보니... 저는 좋은 손녀인가요?

제가 날 무시하나?

간혹은 무계획도 필요하다니까

나는 계획적이지 않은 사람이다. 자기합리화라고 할 수 있다만, 무계획 상태가 얼마나 행복한 것인지 설파하고 싶어 글을 써본다.

목표가 있는 이에게 계획을 세우지 말라는 것처럼 무책임한 말도 없겠다. 그래도 목표가 있다면 한 번쯤은 무계획으로 맞서보자. 능률적이지 않아 보여도, 목적지가 있다면 어떻게든 거기로는 갈 것 아닌가.

빡빡한 계획이 사라지면 몸에서 긴장이 풀린다. 긴장되지 않은 근육은 굉장히 자유롭다. 칠렐레 힘을 빼고 걸어보면 안다. 그러다 보면 어렵던 일이 쉽게 느껴지기 시작한다.

경직된 몸은 마음까지 경직시킨다. 그리고 경직된 마음은 경직된 생각을 만든다. 나는 경직된 상태에서 어떤 것을 이루어본 적이 없다. 뚝딱거리다가 기회를 놓치고는 후회한 경험은 수두룩하다.

혹시 인생이 계획대로 되지 않는다면, 이번에는 두 팔 두 다리를 훌훌 털어내고 가벼운 나로 다시 한번 시작해 보자. 계획 없이!

계획에는 없던 산책

휴가 연장이요

휴가를 맞이하여 책 한 권을 들었다.
한 손에는 좋아하는 8b 연필을 한 자루 들고 천천히 읽어나갔다. 음식을 소화시키는 사람처럼 문장 하나하나 꼭꼭 씹으며 (나는 좀처럼 음식을 빨리 먹어서 역류성 식도염을 달고 사는데 책 앞에서는 소처럼 글자를 질경인다). 그렇게, 많으면 하루 다섯 장, 적으면 두 페이지를 읽고 책을 덮었다. 휴가니까.
휴가가 끝나고 일주일이 흘렀다. 나는 읽다 남은 책을 들고 카페를 찾았다. 공식적인 휴가는 끝이 났지만, 아직 책은 반도 읽지 못했으니 나의 휴가는 계속되고 있다는 생각으로.
휴가도 마음먹기에 달렸다는 생각을 하며 내게 휴가를 내어주는 시간이다.
"여기, 휴가 연장이요~."

We didn't know we were making memories,
we were just having fun.

- A.A. Milne

철학책을 읽으면 행복해지는 이유

철학이란 무엇인가. 개인의 생각, 방향성을 의미하지 않을까. 그렇다면, 철학을 사랑한다는 말은 또 무엇을 의미할까.
좋아하는 철학자가 있다는 건, 비슷한 생각을 공유하는 친구 하나를 두고 있다는 것과 같다. 그렇게 접근하면 철학자들이 가깝게 느껴진다. 3반에 있는 누구, 5반에 전학 온 누구처럼... 오늘도 나와 비슷한 생각을 공유할 친구가 누구일지 궁금해하며 철학책을 펼친다. 그러다 뜻이 통하는 친구라도 발견하면 몹시 반가워한다.
그렇게 또 한 명의 철학자와 홀로 우정을 쌓는다. 내가 철학책을 읽으면 행복해지는 이유다.

오~ 나의 친구여

본질과 먼 그림을 그립니다.
사소한 장면들에 집착하기 때문이에요.
그래서인지 글만큼은 본질과 가까웠으면 하는 마음입니다.
사소한 것에 집착하는 삶이라...
생각해 보니 사람 냄새나고 좋네요.

거짓말이 좋아

거짓말하지 말라는 이야기는 귀에 진물이 나게 들었어도, 거짓말해도 된다는 이야기는 들어본 적이 없다. 고백하자면 나는 (실은) 거짓말하는 것을 좋아한다. 내가 양치기 어른이라거나, 당신을 속이고 싶다는 의미는 아니다. 거짓말로 펼쳐나가는 상상을 좋아하는 것뿐. 생각만으로도 짜릿하다.

그래서 소설 쓰는 것이 즐거운지 모른다. 내게 소설이란 당당히 두 다리로 서서 거짓말을 장황하게 늘여놓아도 어느 누구도 나무라지 않는, 일종의 허락된, 거짓말을 위한 무대이기 때문이다. 거짓말도 단타 치기만을 해보아서 아직 단편소설 정도의 거짓말만 늘여놓는 것일지 모르겠다만. 아직 거짓말 초보인가.

주로 나의 거짓말을 듣는 청취자는 단연 승원이다. 승원이는 이제 거짓말에 익숙해져서 내가 "있잖아..."로 시작하는 거짓말로 운을 떼면 "아, 그래~?"라고 대답하며 '그래 어디 한 번 이어나가보거라'라는 듯이 이야기를 들어준다. 승원의 놀라거나 흥분한 표정을 보고 싶어 띄운 거짓말인데, 안정적인 표정으로 이야기를 들어주는 모습에 거짓말을 이어나갈 흥미가 싹

사라진다. 그리고 말한다.

"응, 사실 거짓말이야~."

내게 거짓말은 상대를 속이기 위한 것이 아니라, 나와 너 사이의 고리타분한 분위기를 띄워줄 수단이다. 그래서 나의 거짓말 말미에는 늘 고해성사가 따라온다. 이 정도의 가벼운 거짓말은 허용되어야 인스턴트식 행복을 느끼며 살아볼 수 있지 않을까. 혹시 당신도 거짓말은 인간이 즐길 수 있는 낭만이라고 생각해본 적이 있으신지… 궁금하다.

"미안, 또 거짓말이었어."
"알아."

그래도 깜빡이는 키고 들어와주세요

'자주 깜빡깜빡하시나요?'
퇴근을 하고 집으로 오던 길에 어느 광고를 보고 멈춰 섰다.
'어머, 어떻게 알았지?'
나는 자주 깜빡깜빡할 뿐 아니라, 몇 시간 전에 먹은 점심 메뉴도 헷갈리기 때문이다. 깜빡이 없이 들어온 이 카피에 멈춰 선 직장인들이 적지 않을 것이다. 그런 의미에서는 성공적인 광고인 건가. 카피 아래에는 작은 글씨로 본 영양제는 인지력 개선에 도움을 주며 정상적인 면역기능에 필요하다고 적혀있었다. 그러고 보니 나, 인지력도 많이 떨어지는 것 같고 어째 면역체계에 문제도 있는 것만 같다. 퇴근길 지옥철도 서러운 직장인에게 갑자기 훅-들어오기 있나요.
아무것도 아닌 질문에 훅-쓰러져 버리는 경우가 있다. 얼마 전에도 훅-쓰러질 뻔한 질문을 만났다.
"언제까지 독자들이 작가님의 책을 찾아줄 것 같아요?"
한 번도 생각해 본 적 없던 훅에 K.O. 완패라고 외치려던 찰나, 문득 이런 생각이 떠올랐다.
'아니 뭐 언제는 누가 찾아줄 거라는 생각으로 시작했었나, 새

삼스럽게 왜 그러는 거래.'

이 모든 건 다 좋아서 시작한 일이었다. 좋아하는 만큼, 나만의 속도로 해나가고 있는 일이다. 그러니 깜빡이 키지 않고 들어왔다고 해서 무조건 쓰러져 줘야 할 펀치는 아니지 않나. 기습 공격에 균형을 잃고 비틀거리다 정신을 차리고 대답했다.

"저는 스스로를 위한 책을 만들었던 것 같아요. 책을 만드는 과정에서 스스로를 응원하고, 위로받고, 책이 완성되는 순간에는 제 자존감도 함께 성장해요. 그리고 저와 비슷한 고민을 나누고, 비슷한 생각을 하고 있는 분들이 어딘가에는 계시지 않을지 생각합니다."

아찔했다. 하지만 이 질문 덕분에 내가 행복한 이유를 찾았다. '후후 크게 치명적이지 않은 훅이었어'라고 여유 부려보지만, 그래도 깜빡이는 키고 들어와주시면 감사하겠습니다.

"큰일이네 완전히 길을 잃은 거 같아."
"늘 그랬잖아, 새삼스럽게 뭘 놀래."

실버라이닝

2018년도 월드컵에서 사상 처음으로 본선에 진출한 아이슬란드 축구 대표팀을 혹시 기억하시는지. 이 팀 선수들은 독특한 이력으로 주목받았다. 골키퍼는 영화감독이자 축구 선수, 대표팀 감독은 치과의사이자 국가대표 감독. 어느 수비수는 월드컵 예선이 있기 전까지 소금 공장에서 포장 담당 직원. 좋아하는 일을 하는 직장인이라니, 얼마나 행복할까.

종종 아침 출근길이 원망스러운 순간마다 아이슬란드 국가대표팀을 떠올린다. 훈련이 없는 날에는 치과에서 아이들 충치를 치료해 주고, 경기가 있는 날에는 유니폼을 입고 있겠지. 모든 것을 갖춘 이상적인 인생 같다. 그리고 생각한다. 그들도 가끔은 출근길이 지긋지긋하겠지.

아직 나는 유니폼으로 갈아입고 경기장으로 뛰어 들어가는 아이슬란드 선수들만큼 삶의 모든 순간들을 즐기지 못하고 있다. 오늘도 나는 똑같은 출근길, 하루 종일 앉아있는 책상, 나를 가둬두고 있는 사무실을 원망한다.

언제쯤 나를 힘들게 하는 일들이 있어 행복한 순간이 더 빛나고 있다는 사실을 인정할 수 있을까?

아니, 인정하는 날이 오기는 할까?

실버라이닝이라는 표현을 좋아합니다. 실버라이닝은 구름 끝자락에 밝게 빛나는 부분을 말합니다. 먹구름도 어느 밝게 빛나는 부분을 가지고 있습니다. 더 아름답지 않나요?

영화 해리포터 시리즈에서 론 위즐리 역을 맡았던 배우 루퍼트 그린트는 자동차 운전면허를 취득한 뒤 아이스크림 트럭을 구입했다고 합니다. 아무 연관 없겠지만, 왠지 론 위즐리 답지 않나요?

그동안 고마웠어

나는 아파트 3층에 살고 있다. 우리 집 앞뒤로는 단지에서 가꾸는 나무가 한가득 숲을 이루고 있어, 여름이 되면 집 전체가 꽤나 싱그러워진다. 영화에서나 보던 나무 위의 집에 사는 기분이다.

눈앞에서 나무가 자라는 모습을 보고 있자면 생명의 꿈틀거림이 느껴진다. 겨우내 앙상해졌던 나뭇가지에 새순이 돋더니, 갑자기 어느 날에는 커다란 잎사귀를 한가득 들고 우두커니 서 있다.

나무 위의 집에서는 비 오는 날도 기다려진다. 빗방울이 나뭇잎 위로 떨어지는 소리가 집 안을 가득 채우기 때문이다. 그런 날에는 이 소리를 BGM 삼아 잠에 든다. 물론 언젠가는 필요에 의해 다른 집으로 이사 가는 날이 오겠지. 그때는 이 집에서 보내던 시간들이 그리워질 것만 같다.

이곳을 떠나는 날, 온 마음으로 집을 안아주며 말해주고 싶다.

"그동안 고마웠어."

그러고 보니 우리가 이사 오기 전에 이 집에 살았던 부부도 집을 떠나며 이렇게 말했다.

"참 고마운 집이었어요."
그러고 보니 이 집, 오랜 시간 사람들에게 행복을 주고 있구나.
나 참 고마운 집에 살고 있구나.

고마운 우리 집.

서핑(보드에 매달려 있는 것)을 좋아합니다.

물결 따라 이리저리 떠다니는
이 무탈한 기분을요.

Kimjourney Books
___

갑자기 어른 | 에세이

위를 바라보는 삶은 좀 질린다. 나는 나를 바라보는 삶을 살아야지.

나를 아끼는 마음 | 에세이

아니, 솔직히 말해보자고. 우리는 정말 좋은 사람이 되어야 할까?

스물다섯 가지 크리스마스 | 소설

매일이 크리스마스인 사람들을 위한 스물다섯 가지 단편 소설.

14번가의 행복 | 소설

14번가에서 벌어지는 행복한 이야기, 어쩌면 행복을 찾는 사람들의 이야기.

How To Love Myself 나를 아끼는 60가지 방법들 | 일러스트북

아무도 아껴주지 않는 나의 마음, 내가 먼저 아껴줄 수 있을까요?

폴라리또와 나 | 소설

어느 날 빙하가 녹았다. 북극곰 폴라리또와 친구들에게 펼쳐지는 여정을 담은 이야기.